Duden

Deutsch in 15 Minuten

Diktat 5. Klasse

Dudenverlag
Mannheim · Leipzig · Wien · Zürich

Inhalt

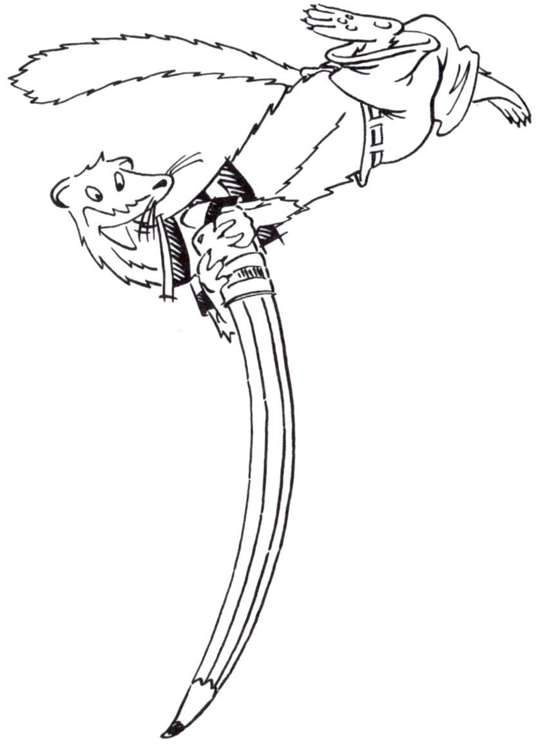

Substantive

Substantive (Nomen) schreibt man groß.

- Sie stehen häufig mit einem bestimmten oder unbestimmten Artikel: **der G**arten, **die S**chule, **das H**aus, **ein M**ädchen, **eine F**lasche.
- Sie können Adjektive, Pronomen und Zahlwörter vor sich haben oder einen Artikel, der mit einer Präposition verschmolzen ist: **seltsames M**ädchen, **seine B**rille, **einige M**itschüler, **im** (in dem) **I**nternat.
- Substantive kannst du manchmal auch an ihren Endungen erkennen. Wörter mit den Nachsilben **-ung, -heit, -keit, -nis, -schaft, -ling, -tum** oder **-sal** sind Substantive und werden großgeschrieben: die Bereit**schaft**, die Halt**ung**, der Lehr**ling**, die Leichtig**keit**.

1 **Unterstreiche alle Substantive und kreise den vor ihnen stehenden bestimmten oder unbestimmten Artikel ein.**

Lieber Peter!

Gestern habe ich ein Nashorn gesehen. Es lag in der Sonne hinter einem Gebüsch und blinzelte in die Luft. Manchmal beobachtete es die Menschen, die an dem Gebüsch vorbeigingen.

Es hatte ein riesiges Horn. Einmal hob es den Kopf und schnaubte laut durch die Nase.

Du glaubst, dass ich dir einen Bären aufbinden will?

Ganz sicher nicht. Ich sage wirklich die Wahrheit.

Ich bin gestern mit den Nachbarskindern in den Zoo gegangen.

Deine Clara

1
2
3
4
5

2 **Setze den Singular (die Einzahl) der Substantive aus Übung 1 ein.**

der ____________ die ____________ das ____________

der ____________ die ____________ das ____________

der ____________ die ____________ das ____________

der ____________ die ____________ das ____________

3 **Ergänze die Sätze durch ein Adjektiv, ein Pronomen, ein Zahlwort oder einen mit einer Präposition verschmolzenen Artikel.**

Katinka ist ________ Arzt. Sie hat eine ________ Krankheit. In ihrem Dorf in Afrika gibt es ________ Hilfe für sie, darum ist sie ________ Internat nach Deutschland gekommen. ________ Eltern vermissen sie sehr. Inzwischen macht Katinka ________ Fortschritte.

4 **Führe ein Eigendiktat durch oder lasse dir den folgenden Text von jemandem diktieren.**

Im Zoo

Bei unserem Besuch im Zoo haben wir uns auch die Eisbären angeschaut. Vor einigen Wochen haben die weißen Säugetiere Nachwuchs bekommen. Das kleine Eisbärenbaby Zottel ist genauso süß wie der berühmte Knut aus dem Zoo in Berlin. Die Geburt ist eine echte Errungenschaft für unseren Zoo. In der Stadt hängen überall Plakate. Sie machen Werbung mit der Eisbärenfamilie. Die Besucher kommen in Scharen. Voller Bewunderung stehen sie vor dem Gehege der Bären und sehen bei der Fütterung zu. Die Pfleger zeigen Mut und Tapferkeit. Sie scheinen Freundschaft mit den Eisbären geschlossen zu haben. Es ist ein echtes Erlebnis, die beiden Männer mit den Tieren zu beobachten.

Als Substantive gebrauchte Verben

Verben im Infinitiv können als Substantive gebraucht werden. Diese substantivierten Verben schreibt man groß.

- Meist steht ein Artikel davor, der mit einer Präposition verschmolzen sein kann: Timo hat **das Kochen** übernommen. Morgen treffen wir uns **zum Segeln**.
- Substantivierte Verben können auch nach einem Adjektiv stehen: Das **lange Warten** hatte endlich ein Ende.

1 **Vervollständige die Sätze. Denke an die Großschreibung.**

grillen · planschen · spielen · buddeln · turnen

Vorsicht beim ____________ auf der Wäschestange!

Zum ____________ auf dem Rasen Ketchup mitbringen!

Sieger beim ____________ in der Regentonne ist, wer am weitesten spritzen kann!

Das ____________ im Vorgarten ist erwünscht!

Das ____________ im Hof ist jederzeit erlaubt!

2 **Schreibe in den folgenden Sätzen die groß gedruckten Wörter in korrekter Rechtschreibung darunter.**

DASLANGEWANDERN macht keinen Spaß.

____

EUERLAUTESSINGEN kann ich nicht mehr ertragen.

____

Immer DIESESKLUGEBELEHREN!

Durch DEINSTÄNDIGESFOTOGRAFIEREN verlieren wir nur Zeit.

3 **Ordne die Wörter einander sinnvoll zu und bilde substantivierte Verben.**

lange	husten	langes Schlafen
herzlich	überholen	
schnell	überwachen	
laut	schlafen	
streng	lachen	
häufig	schnarchen	

4 **Führe ein Eigendiktat durch oder lasse dir den folgenden Text von jemandem diktieren.**

Ferien!

Verena und Annika verbringen die Ferien gemeinsam. Sie haben viele Ideen. Verena liebt das Schwimmen. Sie will daher heute zum See fahren. Annika fährt gerne Fahrrad. Sie schlägt deshalb vor, eine Radtour zum See zu machen. Verena kann aber das ewige Strampeln beim Radeln nicht ausstehen. Dabei kommt sie immer ins Schwitzen. Plötzlich hören beide ein lautes Donnern. Ein Gewitter zieht auf. Das Grollen am Himmel ist schrecklich. Aus dem Schwimmen wird wohl nichts. Also bleiben sie heute im Haus. Mit Annikas Bruder haben sie stattdessen viel Spaß beim Spielen. Zum Abschluss des Tages gönnen sie sich ein Eis. Eisessen ist sowieso ihre Lieblingsbeschäftigung.

Als Substantive gebrauchte Adjektive

Adjektive können als Substantive gebraucht werden. Diese substantivierten Adjektive schreibt man groß.

- Sie haben häufig einen Artikel vor sich: **Der Klügere** gibt nach.
- Sie können auch eine unbestimmte Mengenangabe vor sich haben: Es gab **viel Spannendes** zu sehen.

1 **Bilde aus den Adjektiven im Wortspeicher substantivierte Adjektive und vervollständige die Sätze in Katrins Tagebuch. Aufgepasst: Manchmal brauchst du eine Steigerungsform des Adjektivs.**

schlimm · schön · klein · nett · groß · rot · toll

Ich bin ja so froh. Nach meiner Operation ist nun das ________________ überstanden. Ich kann wieder laufen und das Bein tut nicht mehr so weh. Das ________________ der Wunde verblasst langsam. Das ________________ ist, dass in unserem Zimmer nur nette Kinder liegen. Die ________________ trösten die ________________, wenn sie ein wenig Heimweh haben. Meine Bettnachbarin ist die ________________ von allen. Sie hat mir ein Buch geschenkt. Es heißt: „Die ________________ und das Biest“. Ich finde es richtig spannend.

2 **In den folgenden Sätzen sind die Wortanfänge verrutscht. Schreibe richtig auf.**

Soe twa sDummes!

____ .

Vo rWeihna chtenges chi ehtvi elGeheimn isvo lles.

____ .

Ic hha benich tsPas send esgef unden.

____ .

Ja nerzähl taller leiLustig es.

____ .

De rBeri chtenthäl twenigRich tiges.

____ .

3 **Führe ein Eigendiktat durch oder lasse dir den folgenden Text von jemandem diktieren.**

Im Kino

Felix geht gerne ins Kino. Dort kann man viel Spannendes sehen. Das Gute ist, dass man im Dunkeln sitzt. Dabei wirken die Filme besser. Am liebsten schaut Felix Komödien. Er hat schon allerlei Lustiges gesehen. Dabei isst er auch gerne etwas Süßes. Manchmal darf es aber auch etwas Salziges sein. Am Schlimmsten findet er, wenn die Kleinen aus der Grundschule auch im Kino sind. Die machen immer so viel Lärm. Das Beste ist, wenn er mit Diana ins Kino geht. Die ist die Netteste von seinen Freundinnen. Außerdem weiß sie viel Interessantes über Filme. Dumm ist nur, dass er bei ihr immer so nervös wird. Denn sie ist auch die Schönste von allen.

Mehrteilige Eigennamen und feste Begriffe

In mehrteiligen Eigennamen und festen Begriffen wird neben dem Substantiv auch das Adjektiv großgeschrieben: der **S**tille **O**zean, der **G**roße **W**agen, der **H**eilige **V**ater.

1 **Ordne Substantiv und Adjektiv einander zu und verbinde sie mit Linien. Schreibe sie dann mit dem bestimmten Artikel auf.**

vereint	Haus	die Vereinten Nationen
deutsch	Ozean	______________
nah	Abend	______________
ewig	Planet	______________
weiß	Nationen	______________
rot	Stadt	______________
heilig	Fußballbund	______________
pazifisch	Osten	______________

2 **Entscheide bei den folgenden Begriffen, wann du groß- und wann du kleinschreiben musst.**

die ______________ Spiele	olympisch	das ______________ Dorf
das ______________ Mal	erste	der ______________ Mai
der ______________ Vater	heilig	die ______________ Messe
der ______________ Bär	klein	das ______________ Mädchen

der ______ Vogel	**tot**	das ______ Meer
der ______ Mann	**alt**	das ______ Testament
Peter, der ______	**groß**	der ______ Baum
das ______ Brot	**französisch**	die ______ Revolution

3 **Führe ein Eigendiktat durch oder lasse dir den folgenden Text von jemandem diktieren. Englische Eigennamen dürfen buchstabiert werden.**

Von New York nach Washington

Alex ist mit seinen Eltern über Weihnachten in die USA gereist. Nach einem langen Flug über den Atlantischen Ozean besichtigen sie zuerst New York. Das ist der Sitz der Vereinten Nationen. Alex ist begeistert von der Stadt. Die Wolkenkratzer beeindrucken ihn besonders. Am Heiligen Abend besuchen sie die heilige Messe. Am nächsten Tag gehen sie in eine Theatervorstellung am Broadway. Alex gefallen vor allem die vielen bunten Kostüme. Schließlich geht es weiter nach Washington. Dort schauen sie sich das Weiße Haus an. Hier lebt und arbeitet der amerikanische Präsident. Der ist allerdings gerade auf Staatsbesuch in China. Ob er dort wohl auch die Große Mauer besichtigen wird?

Die Anredepronomen

Die vertrauliche Anrede **du** und die Anredepronomen **dein, deine, deiner** usw. werden kleingeschrieben: Hörst **du** mich? Ist das **deine** Tasche?
Großgeschrieben werden

- die Höflichkeitsanrede **Sie**: Können **Sie** mir helfen?
- die Pronomen **Ihnen, Ihre, Ihr** usw., die sich auf die angesprochene Person beziehen: Sie haben **Ihre** Tasche liegen lassen.

Das Reflexivpronomen *sich* wird immer kleingeschrieben: Bitte nehmen Sie **sich** einen Stuhl.

1 **Setze die Pronomen *Sie, Ihnen, Ihr, Ihre* usw. ein. Aufgepasst: Einmal muss das Pronomen kleingeschrieben werden!**

Liebe Frau Brandt!

Wir haben gehört, dass ________ sich das linke Bein gebrochen haben und nun im Krankenhaus liegen. Hoffentlich geht es ________ wieder besser und ________ haben nicht mehr so große Schmerzen. Zum Trost haben wir ________ Lieblingskekse gebacken und senden ________ ________ in einer selbst bemalten Dose. Wie gefällt ________ die Dose? Damit ________ sich nicht zu sehr langweilen, haben wir in ________ Päckchen auch ein Exemplar der Schülerzeitung hineingelegt. Dort ist das Foto unseres Faschingsfestes abgedruckt, das ________ vor einiger Zeit mit Selbstauslöser gemacht haben. Erkennen ________ sich wieder? Es wünscht ________ gute Besserung und freut sich schon auf

________ Rückkehr

________ Klasse 5c

2 **Groß oder klein? Schreibe die Sätze in der richtigen Rechtschreibung in dein Übungsheft.**

Auf dem Elternsprechtag
Sagen SIE IHRER Tochter, SIE möge morgen IHR Sportzeug mitbringen.
Helfen SIE Julia und Martin, wenn SIE IHRE Aufgaben nicht verstehen?
Wie fänden SIE es, wenn IHRE Katrin IHRE kleine Schwester zur Schule mitbrächte?
Was IHRE Kinder angeht, so glaube ich, dass SIE im Chor mitsingen sollten.
Ich versichere IHNEN, dass ich IHRE Sorgen verstehe.
Diese Kinder! Man kann IHNEN manchmal nichts recht machen.
Lisa hat schon wieder IHR Matheheft verloren.

3 **Führe ein Eigendiktat durch oder lasse dir den folgenden Text von jemandem diktieren.**

Lieber Herr Löw,
seit ich fünf Jahre alt bin, spiele ich Fußball. Ich bin Ihr größter Fan! Ich schaue mir immer die Spiele Ihrer Nationalmannschaft an. Dabei kann man viel lernen. Ich achte darauf, was Sie zu den Spielern sagen, denn ich mag Ihren Trainingsstil. Ich selbst stehe am liebsten im Tor und will einmal so gut werden wie Jens Lehmann. Meine Freunde sagen dazu: „Du spinnst, du kannst doch gar keine Bälle halten. Außerdem bist du nur ein Mädchen.“ Meine Trainerin dagegen ermutigt uns alle im Verein. „Ihr könnt es schaffen, wenn ihr nur hart genug trainiert.“ Meinen Sie auch, dass ich eines Tages ein Profi werden kann? Vielleicht könnte ich dann mit der Nationalmannschaft der Frauen sogar Weltmeister werden. Das wäre doch toll!

Viele Grüße
Ihre Simone

Doppelvokale

Die meisten betonten Vokale werden ohne besonderes Dehnungszeichen lang gesprochen (siehe Seite 22). Bei manchen Wörtern wird die Länge des Vokals aber durch einen Doppelvokal angezeigt. Das gilt jedoch nur für die Vokale *a*, *e* und *o*: S**aa**l, B**ee**re, M**oo**s. Die Vokalverdopplung bleibt auch in verwandten Wörtern erhalten, außer wenn Umlaute stehen: P**aa**r – P**aa**rtanz – P**ä**rchen.

1 **In diesem Text stecken Wörter mit zwei gleichen Vokalen. Unterstreiche sie. Kennst du noch andere Wörter mit zwei gleichen Vokalen? Schreibe sie in dein Übungsheft.**

Hast du früher mal an Feen mit langem Haar geglaubt oder an Nixen, die dem Meer entstiegen? Hast du den Aal und anderes Meeresgetier auf dem Teller verschmäht und die Beete nicht gejätet? Findest du Schnee toll und Schulaufgaben doof? Hast du Zoobesuche geliebt und Baden im See war das Größte? Ist die Sparbüchse leer und die Seele manchmal schwer?

Dann geht es dir wie vielen deiner Lehrer und den Autoren dieses Buches, auch wenn die meisten Erwachsenen etwas anderes erzählen.

2 **Finde die Lösungen. Schlage die Schreibweisen gegebenenfalls im Duden nach oder kontrolliere sie mithilfe des Dudens.**

Mehrzahl (Plural) von Saal: ______________________

Adjektiv zu Seele: ______________________

Verb von Saat: ______________________

1
2
3
4
5

3 **Bilde zusammengesetzte Wörter. Ein Bestandteil soll immer ein Wort mit Doppelvokal sein, egal ob im vorderen oder hinteren Wortteil.**

Schnee	Band	Schneekanone
Brief	Beet	
Kaffee	Tanz	
Meer	Kanone	
Haar	Waage	
Stachel	Kanne	
Paar	Boot	
Ruder	Wasser	
Blumen	Beere	

4 **Führe ein Eigendiktat durch oder lasse dir den folgenden Text von jemandem diktieren.**

Die große Seeschlacht

Am Wochenende hat die Theatergruppe der Schule ein tolles Stück aufgeführt. Der Saal war zum Bersten gefüllt mit Eltern, Lehrern und Schülern. Gespannt wartete das Publikum auf den Beginn des ersten Aktes. Das Bühnenbild bestand aus einem riesigen Schiff, denn das Stück spielte auf dem Meer. Ein ganzes Heer von Soldaten machte sich für eine große Seeschlacht bereit. Der Kapitän trank zur Beruhigung einen Tee. Der Schiffsmaat putzte die Speere und rief die Armee zur Ordnung. Die Spannung war kaum auszuhalten. Am Ende kam es tatsächlich zum Kampf. Der wurde sehr realistisch dargestellt. Es wurden sogar kleine Boote zu „Wasser" gelassen. Das war ein echtes Spektakel. Das Publikum applaudierte begeistert.

Dehnungs-h

Die meisten betonten Vokale werden ohne besonderes Dehnungszeichen lang gesprochen (siehe Seite 22). Manche Wörter haben zur Kennzeichnung eines langen Vokals jedoch ein sogenanntes Dehnungs-h: Me**h**l, Ra**h**men, Fa**h**ne, Ba**h**n, Ko**h**le, Ku**h**, wo**h**nen, de**h**nen, fa**h**ren.

1 **Mit oder ohne Dehnungs-h? Ergänze die Lücken. Trage einen Strich in die Lücke ein, wenn kein *h* gesetzt werden muss. Aufgepasst: Hier sind auch viele Wörter mit Dehnungs-e nach *i* enthalten (siehe Seite 18).**

Der tro___pische Re___genwald ist ein lo___nendes Erle___bnis für die Sinnesorga___ne. Die Augen ne___men unzä___lige Blü___tenarten in den vie___lfältigsten Fa___rben wa___r. Die O___ren hö___ren ungewo___nte Laute aus allen Richtungen und die Na___se fü___lt sich wie in einem Parfü___mladen, wo es auch in jeder Ecke anders rie___cht. Die Tie___rwelt ist ebenso vie___lfältig. Sie birgt für den unerfa___renen Menschen aber auch Gefa___ren. Man sollte auf jeden Fall gutes Schu___werk mit langem Schaft tra___gen, damit die Wa___den vor Ungezie___fer und Schlangenbissen geschützt sind.

2 **Finde verwandte Wörter zu den Wörtern mit Dehnungs-h aus Aufgabe 1 und schreibe sie auf.**

Belohnung, ______________________________

____

____

3 **Hier sind elf Wörter mit Dehnungs-h versteckt. Finde sie und schreibe sie in dein Übungsheft.**

M	J	K	B	L	E	H	R	E	R	K
W	M	O	E	O	B	E	R	H	A	I
A	S	Z	R	H	I	T	M	R	N	L
H	K	T	T	N	F	Ü	H	L	E	N
R	S	Ä	K	E	A	F	A	I	G	A
H	M	T	G	N	N	F	W	C	U	W
E	Q	A	E	A	I	A	O	H	S	O
I	Y	E	F	H	A	H	N	I	L	H
T	I	Z	A	X	L	R	E	M	Ü	N
P	H	U	H	N	L	E	L	X	N	E
D	E	L	R	E	E	N	N	A	T	N

4 **Führe ein Eigendiktat durch oder lasse dir den folgenden Text von jemandem diktieren.**

Gähnende Ruhe

Immer diese mühsamen Diktate! Ständig geht es um Dehnung oder ähnlich klingende Laute. Da kann man ja nur gähnen. Glauben unsere Lehrer etwa, Diktate machen Spaß? Ich finde, sie fallen doch sehr aus dem Rahmen. Viel lieber würde ich etwas anderes lernen. Zähneknirschend sehe ich es aber ein: Es hat noch niemandem geschadet, richtig zu schreiben. Also werde ich mir auch das nächste Mal wieder Mühe geben, wenn uns der Lehrer zur Ruhe mahnt und die Diktathefte verteilt. Doch ich finde, seine Drohungen kann er sich sparen. Ich weiß auch ohne den erhobenen Zeigefinder, dass Diktate hin und wieder sein müssen. Er sollte uns zur Belohnung lieber ein Eis mit Sahne spendieren, anstatt mit schlechten Noten zu drohen. Dann würden Diktate vielleicht sogar Spaß machen.

Dehnungs-e nach i

Das *e* als Dehnungszeichen taucht meist nach dem langen *i* auf: b**ie**gen, l**ie**ben, W**ie**ge, S**ie**g ... Es gibt wenige Ausnahmen: Das sind geografische Namen wie *Soest, Itzehoe, Oldesloe*.
Aufgepasst: Es gibt, oft bei Endungen von Fremdwörtern, auch ein langes *i* ohne Dehnungszeichen (siehe Seite 20)!

1 **Finde passende Reimwörter.**

Kies ____________________

Gier ____________________

lieb ____________________

liegen ____________________

niesen ____________________

Biene ____________________

Ziege ____________________

2 **Welches Wort mit *ie* kannst du von den Wörtern aus dem Wortspeicher ableiten?**

Beschluss · Umzug · Buchstabe · Diktat · Explosion · Flucht · Fotograf · Interesse · Maske · Geruch · Schuss · Telefon · Verlust · Waage · Spion

Beschluss ➲ beschließen, ____________________

____

____

____

3 **Bilde zusammengesetzte Wörter.**

liegen	Spiel	Liegestuhl
siegen	Bild	
Schoko	Stuhl	
Eisenbahn	Riegel	
Spiegel	Feier	
Fußball	Weide	
Vieh	Schiene	

4 **Führe ein Eigendiktat durch oder lasse dir den folgenden Text von jemandem diktieren.**

Geburtstag im Paradies

Fabiana freut sich riesig auf ihren Geburtstag. Sie hat sich neue Stiefel gewünscht. Sie ist sich sicher, dass ihre Stiefmutter ein schönes Paar für sie ausgesucht hat. Für ihre Gäste hat Fabiana einige lustige Spiele vorbereitet. Auf der Wiese hinter dem Haus hat sie außerdem Liegestühle und Tische aufgebaut. Hier wird sie mit ihren Freunden Kuchen, Eis und Schokoriegel essen. Fabiana liebt Süßigkeiten! Zwischen die Bäume hat sie eine Hängematte gespannt. Darin kann man sich ausruhen und vom Wind wiegen lassen. Denn die Schnitzeljagd wird sicher anstrengend werden. Dummerweise muss sie morgens noch in die Schule gehen. In Chemie muss sie sogar einen Test schreiben. Aber wenn der geschafft ist, kann die Party losgehen. Dann wird sich Fabiana wie im Paradies fühlen.

Der lange i-Laut

Der lange i-Laut wird meistens durch *ie* wiedergegeben (siehe Seite 18).

- Die meisten Wörter mit langem i-Laut ohne Dehnungszeichen sind Lehn- oder Fremdwörter: Term**i**n, Med**i**z**i**n.
- Wörter mit lang gesprochenem *i* ohne Dehnungszeichen sind zwar die Ausnahme, werden aber sehr häufig benutzt: w**i**r, m**i**r, d**i**r.
- In wenigen Wörtern steht das lange *i* mit Dehnungs-h: **ih**m, **ih**r, **ih**nen.

Die beiden Wörter **wieder** und **wider** werden häufig verwechselt. Um sie richtig zu schreiben, musst du ihre Bedeutung unterscheiden:

- *wieder* im Sinne von *erneut, noch einmal* oder *zurück*: **wieder**kommen;
- *wider* im Sinne von *gegen*: **wider**sprechen.

1 **Ordne die Wörter im Wortspeicher nach ihren Schreibweisen in die Spalten der Tabelle.**

Biber · Aufstieg · ihnen · Krokodil · Beispiel · Kino · ihr · dieses · wir · Fieber · Frieden · Mieter · Maschine · Radierer · ihm · niemand · Turbine

i	ie	ih

2 **Bilde Wörter mit *wider-/Wider-* und *wieder-/Wieder-*. Schreibe sie in dein Übungsheft.**

-haben | -stand

wider-/Wider-

-kommen | -spenstig | -gabe

wieder-/Wieder-

-spruch | -sehen | -holung | -rufen | -sprechen

3 **Führe ein Eigendiktat durch oder lasse dir den folgenden Text von jemandem diktieren.**

Amir hat Fieber

Amir liegt mit Fieber im Bett. Wie jeden Winter hat ihn auch dieses Jahr die Grippe erwischt. Er versucht, sich die Zeit zu vertreiben, und hört Musik. Danach macht er die Hausaufgaben, damit er in der Schule nicht zurückfällt. Aber es ist schwierig, sich zu konzentrieren. Ganz langsam fallen ihm die Augen zu. Er träumt davon, durch einen Dschungel zu wandern und gegen Tiger und Krokodile zu kämpfen. Als Amir aufwacht, ist er ganz verschwitzt. Immerhin ist das Fieber gesunken. Wenn das so weitergeht, dann wird er den Virus bald besiegen. Doch bis es so weit ist, muss er noch einige Male seinen fiesen Hustensaft schlucken. Der ist wirklich widerlich!

Dehnung ohne Kennzeichnung

Die meisten betonten Vokale werden ohne besonderes Dehnungszeichen lang gesprochen: Bl**u**me, H**o**se, V**a**se.
Auch in der **Vorsilbe Ur-/ur-** und den **Nachsilben -tum, -sal, -bar, -sam** werden die Vokale zwar lang gesprochen, aber ohne Kennzeichnung geschrieben: **ur**sprünglich, **Ur**sache, Eigen**tum**, Schick**sal**, teil**bar**, ein**sam**.

1 **Setze in den folgenden Text die fehlenden Wörter ein.**

schmoren · Monaten · Tag · Tafel · schön · war · mir · Frisur · Schule · das · Nachbarn · langsam · Morgen · uralte · Regen · so (3 x)

Mein liebes Tagebuch,

heute ______________ ein ganz schlimmer ______________. Die doofe Bohnenstange Susi mit ihrer bescheuerten ______________ hat mich ganz ______________ im ______________ stehen lassen. Ich habe mich ______________ über sie geärgert, ehrlich! Meinetwegen kann sie ruhig in der Hölle ______________.

Als ich heute ______________ in der ______________ an der ______________ stand und mich zum Fenster drehte, sah ich sie mit Tommy, dem Sohn unseres ______________, Händchen haltend ______________ vorbeigehen. Dabei schaut sie ______________ auch noch ______________ kühn in die Augen. Und ______________, obwohl sie ganz genau weiß, dass ich seit mindestens zehn ______________ hoffnungslos in ihn verliebt bin. ______________ eine falsche Schlange nennt sich eine ______________ Freundin.

2 **Bilde aus den folgenden Wörtern Adjektive und Substantive mit der Vorsilbe *ur-/Ur-* und den Nachsilben *-tum, -sal, -bar, -sam.* Einige Wörter passen mehrmals. Achte auf die Groß- und Kleinschreibung.**

KNALL EIGEN SCHEU SPRUNG SACHE REICH FURCHT

UR- -SAL -SAM

WALD -TUM -BAR TRÜB

TEIL HALT EIN

MENSCH LANG ALT

3 **Führe ein Eigendiktat durch oder lasse dir den folgenden Text von jemandem diktieren.**

Die Suche

Gestern ist Laras Hase Diego aus dem Stall entwischt. Das war vielleicht eine Aufregung. In strömendem Regen haben alle nach dem Übeltäter gesucht. Sogar Laras Uroma hat geholfen. Ihre Augen sind jedoch so schlecht, dass sie nur wenig gesehen hat und schließlich aufgeben musste. Bis zum Abend hat die Suche gedauert. Bevor es richtig dunkel werden konnte, hat Lara ihren Hasen dann aber gefunden. Er war über die Straße gehoppelt. Das hätte sein Leben fast beendet. Es ist ein Segen, dass hier nur wenige Autos fahren. Diego saß unter einem Rosenbusch und knabberte zufrieden an den roten Blüten. Lara hob ihn vom Boden auf und trug ihn zurück in seinen Stall. Alle waren ganz schön erleichtert.

Doppelkonsonanten

Unter Schärfung versteht man die Kennzeichnung von kurzen Vokalen.
Die Kürze eines Vokals

- kann durch zwei gleiche Konsonanten angezeigt werden: du**mm**, re**nn**en, pra**ll**en, Ke**tt**e, Sta**ll**;
- kann durch zwei oder mehr unterschiedliche Konsonanten angezeigt werden (Konsonantenhäufung, siehe Seite 28).

1 **Suche passende Reimwörter.**

hassen	fassen	stammeln	______
schimmern	______	knallen	______
tollen	______	murren	______
bitten	______	kippen	______
knittern	______	knattern	______

2 **Finde heraus, welches Wort mit Doppelkonsonant jeweils gemeint ist.**

a) Daraus kann man Socken stricken: ______

b) Das Gegenteil von langsam: ______

c) Das Gegenteil von leer: ______

d) Damit schlägt man Nägel ein: ______

e) Eine Jahreszeit: ______

f) Teil des Gesichts: ______

g) Damit öffnet man eine Tür: ______

3 **Bilde mit den folgenden Wörtern sinnvolle Komposita (zusammengesetzte Wörter).**

Tee	Futter	Teetasse
Stoff	Bude	
Klasse(n)	Platz	
Imbiss	Knacker	
Salat	Tier	
Nuss	Tasse	
Hunde	Zimmer	
Schrott	Schüssel	

4 **Führe ein Eigendiktat durch oder lasse dir den folgenden Text von jemandem diktieren.**

Der Unfall

Heute Morgen gab es direkt vor unserer Haustür einen Unfall. Ich hörte einen lauten Knall und ließ vor Schreck fast meine Tasse fallen. Sofort bin ich auf den Balkon gerannt. Von dort konnte ich sehen, dass ein Auto mit einem Mofa zusammengeprallt war. Rettung nahte sofort. Der Notarzt war gleich zur Stelle. Zum Glück hatte der Fahrer des Mofas nur ein paar Prellungen und eine Muskelzerrung. Außerdem war er ein bisschen verwirrt. Deshalb hat der Arzt ihn mit ins Krankenhaus genommen. Es besteht Verdacht auf Gehirnerschütterung. Ich hoffe, dass es dem Patienten schnell wieder besser geht. Vermutlich wird ihm aber noch ein paar Tage der Kopf schwirren.

ck und tz

Nach einem kurzen betonten Vokal wird der folgende Konsonant manchmal verdoppelt (siehe Seite 24). Es gibt aber zwei Ausnahmen bei der Konsonantenverdopplung nach kurzem Vokal:

- Statt *kk* schreibt man *ck*: schi**ck**en, ne**ck**en, ba**ck**en, Dre**ck**, Da**ck**el, So**ck**e, di**ck**.
  Ausnahmen: Mo**kk**a, Sa**kk**o.
- Statt *zz* schreibt man *tz*: pu**tz**en, schma**tz**en, La**tz**, Wi**tz**, spi**tz**.
  Ausnahmen: Pi**zz**a, Ski**zz**e.

1 **Löse das Gitterrätsel. In den grauen Kästchen soll immer ein *k* stehen. Aufgepasst: Manchmal sind es Wörter mit *k*, nicht mit *ck*!**

Gartengerät

Hunderasse

Kriminalist

Monatsname

langsames Tier

tragbares Feuer

Laubbaum

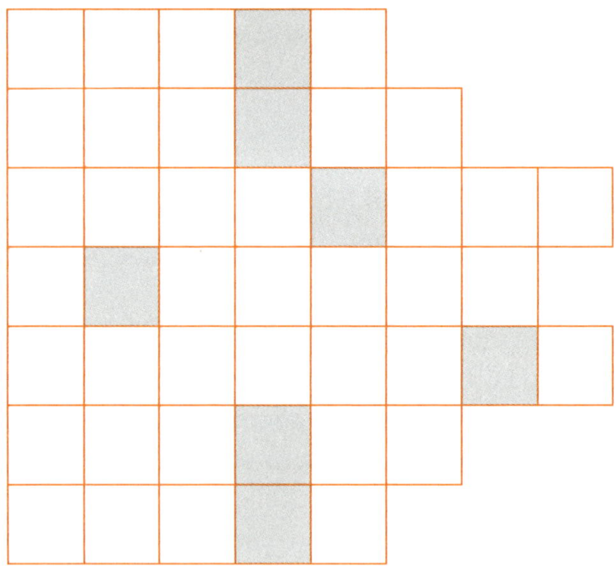

2 **Finde Reimwörter.**

Glatze ______________________ Schatz ______________________

Blitz ______________________ hetzen ______________________

3 **Ordne nach langem und kurzem Vokal.**

Schaukel · Socke · quaken · Dackel · Rock · Spuk · Laken · Mücke · Haken · Nacken · Ecke · blöken · Glück · Luke · Hacke · einpökeln · meckern · Bock · Decke · Makel · hocken · quieken · Locke

langer Vokal:

kurzer Vokal:

4 **Führe ein Eigendiktat durch oder lasse dir den folgenden Text von jemandem diktieren.**

Mückenschutz

Wenn man in die Tropen reist, muss man sich vor allem vor Mücken schützen. Denn diese können schlimme Krankheiten übertragen. Ein gutes Mückenspray hilft auch gegen Zecken und andere Insekten und ist ein wirksamer Schutz. Doch auch ein Netz fürs Bett sollte man einpacken. Es ist besonders in heißen Nächten wichtig, wenn man sich wegen der Hitze lieber nicht zudecken will. Wird man doch mal gestochen, darf man sich auf keinen Fall kratzen. Auch vor anderen Krankheiten muss man sich in den Tropen hüten. Gegen vieles kann man sich schon vor der Reise mit einfachen Spritzen impfen lassen. Am besten hat man einen lückenlosen Impfpass. Im Urlaub sollte man sich dann regelmäßig die Hände waschen und Schmutz meiden. Dann wird die Reise garantiert zu einem Erfolg.

Konsonantenhäufung

Die Kürze eines Vokals
- kann durch zwei gleiche Konsonanten angezeigt werden (siehe Seite 24);
- kann durch zwei oder mehr unterschiedliche Konsonanten angezeigt werden: Su**mpf**, Schme**rz**, Wa**nd**, kä**mpf**en, We**lt**, Zwe**rg**. Das nennt man Konsonantenhäufung.

1 **Finde heraus, welche Wörter gemeint sind. Nach dem kurzen Vokal folgen zwei oder mehr Konsonanten.**

a) Möbelstück für Kleidung: ______________________

b) Man trägt sie an den Füßen; die Schuhe sind nicht gemeint:

____

c) Das Gegenteil von warm: ______________________

d) Wenn man sich verletzt, hat man sie: ______________________

e) Blumen tun es, wenn man sie nicht gießt: ______________________

f) Gefängnisinsasse: ______________________

g) Körperliche Betätigung, auch Unterrichtsfach: ______________________

h) Man trägt ihn am Finger: ______________________

2 **Finde Reimwörter.**

Land	____________	Gift	____________
Zwerg	____________	Kind	____________
stampfen	____________	Dampf	____________

Fortsetzung auf S. 37

LÖSUNGSHEFT zum Herausnehmen

(Öffne dazu die beiden äußeren Klammern in der Buchmitte.
Die mittlere Klammer hält den Lösungsteil auch nach Entnahme zusammen.)

1 Groß- und Kleinschreibung

Seite 4–5

1 Gestern habe ich **ein** Nashorn gesehen. Es lag in **der** Sonne hinter **einem** Gebüsch und blinzelte in **die** Luft. Manchmal beobachtete es **die** Menschen, die an **dem** Gebüsch vorbeigingen.
Es hatte **ein** riesiges Horn. Einmal hob es **den** Kopf und schnaubte laut durch **die** Nase.
Du glaubst, dass ich dir **einen** Bären aufbinden will? Ganz sicher nicht. Ich sage wirklich **die** Wahrheit. Ich bin gestern mit **den** Nachbarskindern in **den** Zoo gegangen.

2

der **Mensch**	die **Sonne**	das **Nashorn**
der **Kopf**	die **Luft**	das **Gebüsch**
der **Bär**	die **Nase**	das **Horn**
der **Zoo**	die **Wahrheit**	das **Nachbarskind**

3 **(Lösungsvorschläge)**
Katinka ist **beim** Arzt. Sie hat eine **schlimme** Krankheit. In ihrem Dorf in Afrika gibt es **keine** Hilfe für sie, darum ist sie **ins** Internat nach Deutschland gekommen. **Ihre** Eltern vermissen sie sehr. Inzwischen macht Katinka **gute** Fortschritte.

Seite 6–7

1 Vorsicht beim **Turnen** auf der Wäschestange!
Zum **Grillen** auf dem Rasen Ketchup mitbringen!
Sieger beim **Planschen** in der Regentonne ist, wer am weitesten spritzen kann!
Das **Buddeln** im Vorgarten ist erwünscht!
Das **Spielen** im Hof ist jederzeit erlaubt!

2 **Das lange Wandern** macht keinen Spaß. – **Euer lautes Singen** kann ich nicht mehr ertragen. – Immer **dieses kluge Belehren**! – Durch **dein ständiges Fotografieren** verlieren wir nur Zeit.

3 herzliches Lachen – schnelles Überholen – lautes Schnarchen – strenges Überwachen – häufiges Husten

Seite 8–9

1 Ich bin ja so froh. Nach meiner Operation ist nun das **Schlimmste** überstanden. Ich kann wieder laufen und das Bein tut nicht mehr so weh. Das **Rot** der Wunde verblasst langsam. Das **Tollste** ist, dass in unserem Zimmer nur nette Kinder liegen. Die **Großen** trösten die **Kleinen**, wenn sie ein wenig Heimweh haben. Meine Bettnachbarin ist die **Netteste** von allen. Sie hat mir ein Buch geschenkt. Es heißt: „Die **Schöne** und das Biest". Ich finde es richtig spannend.

2 So etwas Dummes! – Vor Weihnachten geschieht viel Geheimnisvolles. – Ich habe nichts Passendes gefunden. – Jan erzählt allerlei Lustiges. – Der Bericht enthält wenig Richtiges.

Seite 10–11

1 der Deutsche Fußballbund – der Nahe Osten – die Ewige Stadt – das Weiße Haus – der Rote Planet – der Heilige Abend – der Pazifische Ozean

2 die **O**lympischen Spiele – das **o**lympische Dorf
das **e**rste Mal – der **E**rste Mai
der **H**eilige Vater – die **h**eilige Messe
der **K**leine Bär – das **k**leine Mädchen
der **t**ote Vogel – das **T**ote Meer
der **a**lte Mann – das **A**lte Testament
Peter, der **G**roße – der **g**roße Baum
das **f**ranzösische Brot – die **F**ranzösische Revolution

Seite 12–13

1 Liebe Frau Brandt!
Wir haben gehört, dass **Sie** sich das linke Bein gebrochen haben und nun im Krankenhaus liegen. Hoffentlich geht es **Ihnen** wieder besser und **Sie** haben nicht mehr so große Schmerzen. Zum Trost haben wir **Ihre** Lieblingskekse gebacken und senden **sie** **Ihnen** in einer selbst bemalten Dose. Wie gefällt **Ihnen** die Dose? Damit **Sie** sich nicht

zu sehr langweilen, haben wir in **Ihr** Päckchen auch ein Exemplar der Schülerzeitung hineingelegt. Dort ist das Foto unseres Faschingsfestes abgedruckt, das **Sie** vor einiger Zeit mit Selbstauslöser gemacht haben. Erkennen **Sie** sich wieder? Es wünscht **Ihnen** gute Besserung und freut sich schon auf **Ihre** Rückkehr
Ihre Klasse 5c

2 Sagen **Sie Ihrer** Tochter, **sie** möge morgen **ihr** Sportzeug mitbringen. – Helfen **Sie** Julia und Martin, wenn **sie ihre** Aufgaben nicht verstehen? – Wie fänden **Sie** es, wenn **Ihre** Katrin **ihre** kleine Schwester zur Schule mitbrächte? – Was **Ihre** Kinder angeht, so glaube ich, dass **sie** im Chor mitsingen sollten. – Ich versichere **Ihnen**, dass ich **Ihre** Sorgen verstehe. – Diese Kinder! Man kann **ihnen** manchmal nichts recht machen. – Lisa hat schon wieder **ihr** Matheheft verloren.

2 Dehnung und Schärfung

Seite 14–15

1 Hast du früher mal an Feen mit langem Haar geglaubt oder an Nixen, die dem Meer entstiegen? Hast du den Aal und anderes Meeresgetier auf dem Teller verschmäht und die Beete nicht gejätet? Findest du Schnee toll und Schulaufgaben doof? Hast du Zoobesuche geliebt und Baden im See war das Größte? Ist die Sparbüchse leer und die Seele manchmal schwer?
Dann geht es dir wie vielen deiner Lehrer und den Autoren dieses Buches, auch wenn die meisten Erwachsenen etwas anderes erzählen.

2 Saal – Säle
Seele – selig
Saat – säen

3 Briefwaage – Kaffeekanne – Meerwasser – Haarband – Stachelbeere – Paartanz – Ruderboot – Blumenbeet

Seite 16–17

1 Der tro / pische Re / genwald ist ein lohnendes Erle / bnis für die Sinnesorga / ne. Die Augen nehmen unzählige Blü / tenarten in den vie / lfältigsten Fa / rben wahr. Die Ohren hö / ren ungewohnte Laute aus allen Richtungen und die Na / se fühlt sich wie in einem Parfü / mladen, wo es auch in jeder Ecke anders rie / cht. Die Tie / rwelt ist ebenso vie / lfältig. Sie birgt für den unerfahrenen Menschen aber auch Gefahren. Man sollte auf jeden Fall gutes Schuhwerk mit langem Schaft tra / gen, damit die Wa / den vor Ungezie / fer und Schlangenbissen geschützt sind.

2 **(Lösungsvorschläge)**
Mitnahme – Zahl – Wahrnehmung – Ohrring – Gewohnheit – Gefühl – Erfahrung – gefährlich – Hausschuhe

3

M	J	K	B	L	E	H	R	E	R	K
W	M	O	E	O	B	E	R	H	A	I
A	S	Z	R	H	I	T	M	R	N	L
H	K	T	T	N	F	Ü	H	L	E	N
R	S	Ä	K	E	A	F	A	I	G	A
H	M	T	G	N	N	F	W	C	A	W
E	Q	A	E	A	I	A	O	H	S	O
I	Y	E	F	H	A	H	N	I	L	H
T	I	Z	A	X	L	R	E	M	Ü	N
P	H	U	H	N	L	E	L	X	N	E
D	E	L	R	E	E	N	N	A	T	N

Seite 18–19

1 **(Lösungsvorschläge)**
Kies – Verlies; Gier – Tier; lieb – Dieb; liegen – biegen; niesen – schießen; Biene – Schiene; Ziege – Liege

2 Umzug ➲ umziehen,
Buchstabe ➲ buchstabieren,
Diktat ➲ diktieren,
Explosion ➲ explodieren,
Flucht ➲ fliehen,
Fotograf ➲ fotografieren,
Interesse ➲ interessieren,
Maske ➲ maskieren,
Geruch ➲ riechen,
Schuss ➲ schießen,
Telefon ➲ telefonieren,
Verlust ➲ verlieren,
Waage ➲ wiegen,
Spion ➲ spionieren

3 Siegesfeier – Schokoriegel – Eisenbahnschiene – Spiegelbild – Fußballspiel – Viehweide

Seite 20–21

1

i	**ie**	**ih**
Biber	Aufstieg	ihnen
Krokodil	Beispiel	ihr
Kino	dieses	ihm
wir	Fieber	
Maschine	Frieden	
Turbine	Mieter	
	Radierer	
	niemand	

2 **wieder-/Wieder-:** wiederhaben, Wiedergabe, wiederkommen, wiedersehen, Wiederholung;
wider-/Wider-: Widerstand, Widerspruch, widerspenstig, widersprechen, widerrufen

Seite 22–23

1 Mein liebes Tagebuch,
heute **war** ein ganz schlimmer **Tag**. Die doofe Bohnenstange Susi mit ihrer bescheuerten **Frisur** hat mich ganz **schön** im **Regen** stehen lassen. Ich habe mich **so** über sie geärgert, ehrlich! Meinetwegen kann sie ruhig in der Hölle **schmoren**.
Als ich heute **Morgen** in der **Schule** an der **Tafel** stand und mich zum Fenster drehte, sah ich sie mit Tommy, dem Sohn unseres **Nachbarn**, Händchen haltend **langsam** vorbeigehen. Dabei schaut sie **mir** auch noch **so** kühn in die Augen. Und **das**, obwohl sie ganz genau weiß, dass ich seit mindestens zehn **Monaten** hoffnungslos in ihn verliebt bin. **So** eine falsche Schlange nennt sich eine **uralte** Freundin.

2 Ursprung – Urknall – Ursache – Urwald – Urmensch – Urteil – uralt – ureigen – Eigentum – Reichtum – Trübsal – Scheusal teilbar – haltbar – furchtbar – furchtsam – langsam – einsam

Seite 24–25

1 **(Lösungsvorschläge)**
stammeln – sammeln
schimmern – wimmern
knallen – fallen
tollen – rollen
murren – knurren
bitten – kitten
kippen – nippen
knittern – zittern
knattern – rattern

2 a) Wolle
b) schnell
c) voll
d) Hammer
e) Sommer
f) Kinn
g) Schlüssel

3 Stofftier – Klassenzimmer – Imbissbude – Salatschüssel – Nussknacker – Hundefutter – Schrottplatz

Seite 26–27

1

H	A	C	K	E			
D	A	C	K	E	L		
D	E	T	E	K	T	I	V
O	K	T	O	B	E	R	
S	C	H	N	E	C	K	E
F	A	C	K	E	L		
B	I	R	K	E			

2 **(Lösungsvorschläge)**
Glatze – Tatze; Schatz – Satz; Blitz – Witz; hetzen – setzen

3 **langer Vokal:** Schaukel, quaken, Spuk, Laken, Haken, blöken, Luke, einpökeln, Makel, quieken
kurzer Vokal: Socke, Dackel, Rock, Mücke, Nacken, Ecke, Glück, Hacke, meckern, Bock, Decke, hocken, Locke

Seite 28/37

1 a) Schrank
b) Strümpfe
c) kalt
d) Schmerzen
e) welken
f) Häftling
g) Sport
h) Ring

Lernkalender von ....

Kapitel	Datum	Zeit	OK	W
			☐	☐
			☐	☐
			☐	☐
			☐	☐
			☐	☐
			☐	☐
			☐	☐
			☐	☐
			☐	☐
			☐	☐
			☐	☐
			☐	☐
			☐	☐
			☐	☐
			☐	☐
			☐	☐

- Damit du beim Üben nicht den Überblick verlierst, kannst du mit deinem ganz persönlichen Lernkalender genau festhalten, wann du welche Einheit bearbeitet hast. Trage dazu das Kapitel, das Datum und die Zeit, die du benötigt hast, ein.
- Hake dann ab, ob du mit deinem Übungsergebnis zufrieden warst (**OK**) oder ob du diesen Teil noch einmal wiederholen möchtest (**W**).

DUDEN

Kapitel	Datum	Zeit	OK	W
			☐	☐
			☐	☐
			☐	☐
			☐	☐
			☐	☐
			☐	☐
			☐	☐
			☐	☐
			☐	☐
			☐	☐
			☐	☐
			☐	☐
			☐	☐
			☐	☐
			☐	☐
			☐	☐

Denk dran: Nimm dir nicht zu viel für einen Tag vor und lerne lieber regelmäßig in kleinen Portionen!
Natürlich kannst du deinen Lernkalender auch für andere Bücher verwenden, wenn du z. B. mit deinem Schulbuch für die nächste Klassenarbeit lernst.
TIPP: Plane hier vor und hake dann nach und nach ab.

2 **(Lösungsvorschläge)**
Land – Wand; Gift – Lift; Zwerg – Berg; Kind – Rind; stampfen – mampfen; Dampf – Kampf

3 **Flink** wie der **Wind** schwebte das **Gespenst** hinter einem dicken **Zwerg** her, um ihn aus dem **Gefängnis** der **Burg** in den **Garten** zu jagen. „Huhu, dich werde ich so **lange** umherhetzen, bis du **schlank** genug für unser **Gespensterballett** bist."

3 Der s-Laut

Seite 38–39

1 Auf der Wiese vor unserem Haus grasen viele große Hasen. Manchmal recken sie ihre Hälse weit nach oben. Vielleicht wollen sie uns damit grüßen. Es gibt leider auch Menschen, die auf die Hasen schießen. Mein großer Bruder will ihnen das am liebsten vermiesen und die Wiese für Jäger schließen.

2 a) Jana genießt den Urlaub.
Weil sie krank ist, hat sie geniest.
b) Jana reist aus dem Urlaub ab.
Dabei reißt sie einen Knopf ab.
c) Die Mutter muss Jana noch den Weg weisen.
Sie schickt sie zum weißen Strand.

3 Rose – Rosen; Bluse – Blusen; Gras – Gräser; Riese – Riesen; Gruß – Grüße; Straße – Straßen; Insel – Inseln; Floß – Flöße; Maß – Maße; Größe – Größen; Gleichnis – Gleichnisse; Last – Lasten; Blöße – Blößen; Zirkus – Zirkusse; Bus – Busse; Küste – Küsten

Seite 40–41

1 **ss:** fressen – Fass – Flüsse – lassen – hassen – Schuss – Missverständnis – anfassen – Ross – Pässe – wissen;
ß: Fleiß – genießen – Füße – Süßigkeit

2 **(Lösungsvorschläge)**
fassen – Gassen – hassen – lassen – Massen – passen – Rassen – Tassen;
essen – fressen – messen – pressen – vergessen;
fließen – genießen – gießen – schießen;
Fuß – Gruß – Ruß (*aber:* Mus);
Guss – Kuss – muss – Nuss – Schluss – Schuss (*aber:* Bus)

3 küsse – küsst – küsst – küssen – küssten – geküsst
reiße – reißt – reißt – reißen – rissen – gerissen
weiß – weißt – weiß – wissen – wussten – gewusst
schieße – schießt – schießt – schießen – schossen – geschossen

Seite 42–43

1 FERIENLAGER

2

s	ss	ß
Esel	Interesse	fließen
Reisen	Nässe	Großmutter
Erlebnis	Ass	Reißnagel
Lesezeichen	Essen	

3 Das Horoskop: Widder
Sie werden eine Reise unternehmen. Vielleicht machen Sie eine Schiffsreise auf einem großen Fluss oder Sie fahren per Bus durch Asien. Wie Sie sich auch fortbewegen werden, Sie müssen Reißaus vor dem Alltag nehmen.

4 Gleich und ähnlich klingende Laute

Seite 44–45

1 Rad – Räder; Korb – Körbe; Buch – Bücher; Stadt – Städte; Dorf – Dörfer; Zug – Züge; Ball – Bälle; Wort – Wörter; Duft – Düfte; Flug – Flüge

2 Bären: wilde Tiere – Beeren: Obst;
sägen: Tätigkeit zum Verkleinern von Holz – Segen: Glück;
Ställe: Unterbringungsmöglichkeit für Tiere – Stelle: bestimmter Ort

3 Täter – Tat; schändlich – Schande; väterlich – Vater; älter – alt; Hähnchen – Hahn; Pächter – Pacht; mächtig – Macht; gehässig – Hass; kämmen – Kamm; jährlich – Jahr

Seite 46–47

1 Säufer – saufen; Säue – Sau; Räuber – Raub; Mäuse – Maus; Häute – Haut; Säugling –

saugen; bräunlich – braun; läuten – laut; blauäugig – Auge; sich schnäuzen – Schnauze; verbläuen – blau; Bräutigam – Braut
2 **Eu**ter; einz**äu**nen – Z**au**n; bet**eu**ern; L**eu**chtturm; L**äu**fer – l**au**fen; K**eu**le; B**äu**erin – B**au**er; H**eu**; R**eu**se; K**äu**fer – k**au**fen; t**eu**flisch; T**äu**fling – T**au**fe

Seite 48–49
1 k**ai**serlich – K**ai**serthron – K**ai**serkrone
Tigerh**ai** – Katzenh**ai** – H**ai**fisch
Futterm**ais** – M**ais**mehl – M**ais**pflanze
M**ai**tanz – M**ai**baum – M**ai**feier
Gitarrens**aite** – Geigens**aite** – S**aite**ninstrument
Halbw**aise** – W**aise**nkind – W**aise**nheim
Hafenk**ai** – K**ai**mauer – K**ai**anlage

Seite 50–51
1 Liebe – Diebe – grobe (Fahrlässigkeit) – stoppen – Stäbe – loben
2 Sieb – sieben; Hieb – Hiebe; gelb – gelbe (Farbe); Raub – rauben; Kalb – kalben; Staub – staubig
3 Bei seinem gestrigen Die**b**stahl hat sich Richard R. besonders plum**p** angestellt. Er war in den Betrie**b** einge**b**rochen, in dem er selbst ar**b**eitete. Als Grund ga**b** er an, er sei von seinem Meister gro**b** behandelt worden. Zum Verhängnis wurde ihm, dass er auf der Flucht mehrere Sto**pp**schilder überfuhr und einer **P**olizeistreife auffiel. Bei seiner Verhaftung ga**b** er sofort alles zu.

Seite 52–53
1 Saa**t** – Saa**t**en; Grun**d** – Grün**d**e; Spal**t** – Spal**t**en; lau**t** – lau**t**er; Nor**d** – Nor**d**en; Wal**d** – Wäl**d**er; sofor**t** – sofor**t**ig; Luf**t** – luf**t**ig; Brunf**t** – brünf**t**ig; Or**t** – Or**t**e; gebau**t** – gebau**t**e (Häuser); Vernunf**t** – vernünf**t**ig; Hun**d** – Hun**d**e; Gedul**d** – gedul**d**ig; Schul**d** – Schul**d**en; Kin**d** – Kin**d**er; Rin**d** – Rin**d**er; Gel**d** – Gel**d**er; Han**d** – Hän**d**e; Lich**t** – Lich**t**er; Ab**t** – Ab**t**ei; Wan**d** – Wän**d**e
2 Star**t** – star**t**en; Gedich**t** – dich**t**en; Mor**d** – mor**d**en; Verzich**t** – verzich**t**en; Gefech**t** – fech**t**en; Ros**t** – ros**t**en; Bil**d** – bil**d**en; Duf**t** – duf**t**en

Seite 54–55
1 Krie**g** – Krieger; Tro**g** – Tröge; Pflu**g** – pflügen; Sie**g** – Sieger; Betru**g** – Betrüger; wel**k** – welken; Kal**k** – kalken (eine Wand); genu**g** – genügend; Ul**k** – verulken; Sar**g** – Särge; Zu**g** – Züge; Ber**g** – Berge; Zwer**g** – Zwerge; Bur**g** – Burgen; kar**g** – karge (Landschaft); Kru**g** – Krüge
2 klu**g** – klü**g**er; star**k** – stär**k**er; kran**k** – krän**k**er; eifri**g** – eifri**g**er; schlan**k** – schlan**k**er; muti**g** – muti**g**er
3 Klan**g** – klingen; Gestan**k** – stinken; Gesan**g** – singen; Tran**k** – trinken; Sprun**g** – springen; Dan**k** – danken; Par**k** – parken; Schla**g** – schlagen; Dun**g** – düngen; Wer**k** – werken

5 Zeichensetzung

Seite 56–57
1 ☐ Peter: „In unserem nächsten Urlaub wollen wir nach Föhr fahren."
☒ Stefan: „Wo liegt denn Föhr**?**"
☐ Peter: „Föhr ist eine Insel in der Nordsee."
☒ Stefan: „Was ist denn dort so los**?**"
☒ Peter: „Warum willst du das wissen**?**"
☐ Stefan: „Vielleicht fahren wir auch dorthin, wir haben noch nichts geplant."
☒ Peter: „Wollen wir nicht zusammen verreisen**?**"
☒ Stefan: „Bekommst du denn auch im August Urlaub**?**"
☐ Peter: „Ich muss mal meinen Chef fragen."
2 A: Willst du in den Sommerferien mit in unser Zeltlager fahren**?**
B: Wohin fahrt ihr denn**?**
A: Nach Hellenthal natürlich**!**
B: Das hört sich aber ziemlich langweilig an**.**
A: Das letzte Zeltlager war wirklich super**!**
B: Was kann man denn in Hellenthal so unternehmen**?**
A: Wanderungen durch die Eifel, Wildfreigehege, Freilichtmuseum**!**
B: Gibt es da auch einen guten Fußballplatz**?**
A: Na klar**!**

B: Ich hätte schon Lust, ich muss aber erst meine Eltern fragen.

A: Mach das! Es wäre toll, wenn du mitkämest.

Seite 58–59

1 Für die Zubereitung eines Nudelauflaufs mit Pilzen benötigt man 350 g breite Nudeln, 350 g Pilze, etwas Fleischbrühe, 2 Esslöffel Butter, 50 g geriebenen Käse, 1 Eigelb, 1/4 l saure Sahne und 1 Zwiebel.

2 Die Nudeln in Salzwasser kochen, abschrecken und abtropfen lassen.
Die Zwiebel fein hacken und in heißer Butter dünsten. Die Pilze waschen, klein schneiden, zur gedünsteten Zwiebel geben und mit etwas Fleischbrühe gar dünsten. Die Nudeln und Pilze vermischen. Die Auflaufform einfetten. Das Eigelb mit saurer Sahne und der Hälfte vom Käse verquirlen und über die Nudelmischung gießen. Den restlichen Käse darüberstreuen, mit Butterflöckchen belegen und bei mittlerer Hitze etwa 30 Minuten backen.

3 a) Ich packe die Mütze, den Pullover und die Hose ein.
b) Zum Arbeiten im Garten trage ich meinen alten blauen Pullover.

Seite 60–61

1 Wütend kommt ein Gepäckträger zum anderen: „Stell dir mal vor: Eben habe ich einem Schotten seine beiden Koffer zum Taxi getragen und am Ziel drückt er mir etwas in die Hand und sagt, das sei für einen anständigen Kaffee!“ Fragt der andere: „Wie viel war es denn?“ Darauf antwortet der Erste: „Ein Stück Würfelzucker ... !“

2 „Ich bin ein verwunschener Prinz“, sagte der Froschkönig.
„Ich bring der Oma Kuchen und Wein“, behauptete Rotkäppchen.
„Heute back ich, morgen brau ich“, rief Rumpelstilzchen.
„Lass uns an dem Haus dort anklopfen“, schlug Hänsel vor.

Abschlusstest

Seite 62–63

1 a) Zum **L**esen benutzt Frau Walter eine Brille. Er begann zu **l**esen.
b) Zum Geburtstag wünschen wir dir alles **G**ute. Das Essen ist sehr **g**ut.
c) Das **A**tmen fällt ihr schwer. Vor Schreck hörte er auf zu **a**tmen.
d) Tim hatte keine Lust zu **s**chwimmen. Lasst uns zum **S**chwimmen gehen.
e) Ich muss dir etwas ganz **T**olles erzählen. Das ist ein **t**olles Spiel.

2

			W	A	L	D			
		S	O	F	O	R	T		
S	T	A	R	K					
			T	Ä	G	L	I	C	H
K	Ä	U	F	E	R				
		M	A	I					
			M	Ä	U	S	E		
		D	I	E	B				
	G	E	L	B					
	K	A	I	S	E	R			
		G	E	L	D				

3 **langer Vokal:** Na**m**e, se**h**en, Bä**r**, Hau**s**, Ta**l**, Re**g**el, Ra**t**, Fa**m**ilie, ge**h**en, he**b**en
kurzer Vokal: Sa**lz**, schi**mpf**en, Ho**lz**, Be**tt**, Tre**pp**e, Glü**ck**, Lo**ck**e, Ka**tz**e, he**lf**en, Lü**mm**el

Fortsetzung von S. 28

3 **Setze in den folgenden Text die fehlenden Wörter ein.**

Zwerg · Garten · schlank · Wind · flink · Gespensterballett · Gefängnis · Burg · lange · Gespenst

__________ wie der __________ schwebte das

__________ hinter einem dicken __________ her,

um ihn aus dem __________ der __________ in den

__________ zu jagen.

„Huhu, dich werde ich so __________ umherhetzen, bis du

__________ genug für unser __________ bist.“

4 **Führe ein Eigendiktat durch oder lasse dir den folgenden Text von jemandem diktieren.**

Monster mit Herz

In einem Sumpf am Rande eines Dorfes lebte einst ein Monster. Die Menschen hatten Angst vor ihm, weil es so unendlich hässlich war. Doch das Monster hatte ein gutes Herz. Es aß nur Milch und Nelken und konnte keiner Fliege etwas zuleide tun. Es war furchtbar einsam. Niemand wollte mit ihm reden. Eines kalten Tages verirrte sich ein Kind im Sumpf. Es hatte seine Lampe zu Hause vergessen. Im Dunkeln stolperte der kleine Junge durch den Matsch. Das Monster sah den Knirps und packte ihn gerade noch rechtzeitig, bevor er in einem Schlammloch versunken wäre. Dann brachte es den Knaben sicher an Land. So ging alles noch einmal glimpflich aus. Der Junge erzählte seinen Eltern von der Heldentat des Monsters. Seither war es im ganzen Dorf sehr geschätzt.

s oder ß?

Merke dir:

- Nach langem Vokal oder Diphthong steht *s* oder *ß*: Ha**s**e, Rei**s**e, Ma**ß**, gie**ß**en, au**ß**en.
- Nach Konsonanten und am Wortanfang steht immer nur *s:* **S**alz, **s**ieben, Hal**s**, Pin**s**el.
- Nach kurzem Vokal steht fast immer *ss* (siehe Seite 40). Einige wenige Wörter werden im Singular mit *s* geschrieben, obwohl ihnen ein kurzer Vokal vorausgeht: Ilti**s**. Die Pluralformen werden aber mit *ss* geschrieben: Ilti**ss**e.
- Aus der Nachsilbe *-nis* wird im Plural *-nisse:* Ereig**nis** – Ereig**nisse**.

Neben der Länge des Vokals kann auch die Aussprache des s-Lauts entscheidend für die Schreibweise sein. Es gibt

- stimmhafte (weiche) s-Laute: Ro**s**e, le**s**en;
- stimmlose (harte) s-Laute: Klö**ß**e, hei**ß**en.

1 **Entscheide, ob du *s* oder *ß* einsetzen musst.**

Auf der Wie___e vor unserem Hau___ gra___en viele gro___e Ha___en. Manchmal recken ___ie ihre Häl___e weit nach oben. Vielleicht wollen ___ie uns damit grü___en. Es gibt leider auch Menschen, die auf die Ha___en schie___en. Mein gro___er Bruder will ihnen das am lieb___ten vermie___en und die Wie___e für Jäger schlie___en.

2 **Setze den richtigen s-Laut ein.**

a) Jana genie___t den Urlaub.

Weil sie krank ist, hat sie genie___t.

1 2 3 4 5

b) Jana rei___t aus dem Urlaub ab.

Dabei rei___t sie einen Knopf ab.

c) Die Mutter muss Jana noch den Weg wei___en.

Sie schickt sie zum wei___en Strand.

3 **Schreibe die Wörter aus dem Wortspeicher in dein Übungsheft ab und setze sie in die Pluralform.**

Rose · Bluse · Gras · Riese · Gruß · Straße · Insel · Floß · Maß · Größe · Gleichnis · Last · Blöße · Zirkus · Bus · Küste

4 **Führe ein Eigendiktat durch oder lasse dir den folgenden Text von jemandem diktieren.**

Ein Eis für den Fleiß

Julius und Max helfen ihrem Vater im Garten. Dabei haben sie eigentlich keine große Lust dazu. Es ist sehr heiß. Am Himmel ziehen nur wenige weiße Schleierwolken vorbei. Viel lieber würden sie mit ihren Freunden zum Bach gehen und in dem fließenden Wasser baden. Bei dem Wetter macht das Arbeiten einfach keinen Spaß. Sogar das Gras ist schon ganz vertrocknet und die Rosen lassen die Köpfe hängen. Julius tropft der Schweiß ins Gesicht. Er kann gar nicht mehr richtig sehen. Seine Hose klebt an seinen Beinen. Zu allem Übel muss er den Rasen ausgerechnet dort trimmen, wo eine Ameisenstraße vorbeiwuselt. Max kniet in dem riesigen Blumenbeet und zupft Unkraut. Doch schließlich ist die Arbeit getan. Zur Belohnung für ihren Fleiß stellt der Vater den Rasensprenger an und verteilt Süßigkeiten und Eis. Diese Abkühlung genießen alle drei.

ss oder ß?

Ein *ß* kann nur nach einem langen Vokal oder einem Diphthong stehen. Wird der vorausgehende Vokal kurz gesprochen, kann kein *ß* stehen.
Nach kurzem Vokal folgt fast immer *ss*: Schlo**ss**, Bi**ss**, Ga**ss**e, la**ss**en.
(Lese zum s-Laut auch die Regeln auf Seite 38 und Seite 42.)

1 **Fülle die Lücken und ordne die Wörter dann in die Tabelle ein.**

Flei__	genie__en	fre__en	Fa__	Flü__e
Fü__e	la__en	ha__en	Schu__	Mi__verständnis
anfa__en	Ro__	Pä__e	Sü__igkeit	wi__en

ss	ß

2 **Finde Reimwörter in alphabetischer Reihenfolge.**

fassen – Gassen – ______________________

____

essen – ______________________

fließen – ______________________

1
2
3
4
5

Fuß – ______________________________

Guss – ______________________________

3 **Schreibe die entsprechenden Verbformen in die Tabelle.**

	lassen	küssen	reißen	wissen	schießen
ich	lasse				
du	lässt				
er	lässt				
wir	lassen				
sie	ließen				
sie haben	gelassen				

4 **Führe ein Eigendiktat durch oder lasse dir den folgenden Text von jemandem diktieren.**

Heidelberg

Die Stadt Heidelberg ist bei Touristen sehr beliebt. Sie liegt an einem schönen Fluss, dem Neckar, am Fuße des Odenwalds. Berühmt ist das Schloss, das besonders bei Japanern gut ankommt. Dort gibt es unter anderem das sogenannte Große Fass zu bestaunen. Es wurde 1751 fertig gebaut und hat auf den ersten Blick scheinbar unermessliche Maße. Es fasst über 200.000 Liter. Der Wein aus diesem Gefäß war aber kein besonderer Genuss, da mehrere Sorten einfach zusammengeschüttet wurden. Heidelberg beherbergt außerdem Deutschlands älteste Universität. Sie wurde 1386 gegründet. Wer die Stadt einmal besucht, muss unbedingt durch die Gassen der Altstadt schlendern, sich einen „Studentenkuss“ gönnen und einfach die Stimmung genießen.

s, ss oder ß?

Zusammenfassende Regeln zum s-Laut:
- Nach kurzem Vokal folgt fast immer *ss*.
- Nach langem Vokal oder Diphthong steht *s* oder *ß*.
- Nach Konsonanten und am Wortanfang steht immer nur *s*.
- Der stimmhafte s-Laut wird immer *s* geschrieben.
- Die Substantivendung *-nis* wird im Plural zu *-nisse*.

1 **Ergänze den Anfangsbuchstaben der folgenden kopflosen Wörter. Dann ergibt sich ein Lösungswort.**

F										
l	s	e	n	r	ä	e	s	r	s	e
i	e	i	t	l	s	s	s	o	s	i
e	l	s	e	e	s	e		ß	e	ß
ß		e	r	b	e	z		m	n	n
e		n	e	n		e		u		a
n			s	i		i		t		g
			s	s		c		t		e
			e			h		e		l
						e		r		
						n				

2 **Sortiere nun die gefundenen Wörter aus Aufgabe 1 in die Tabelle ein.**

s	ss	ß

3 **Im folgenden Text fehlen die meisten s-Laute. Entscheide, ob *s, ss* oder *ß* eingefügt werden muss.**

Das Horo___kop: Widder

Sie werden eine Rei___e unternehmen. Vielleicht machen Sie eine Schiffsrei___e auf einem großen Flu___ oder Sie fahren per Bu___ durch A___ien. Wie Sie ___ich auch fortbewegen werden, Sie mü___en Rei___aus vor dem Alltag nehmen.

4 **Führe ein Eigendiktat durch oder lasse dir den folgenden Text von jemandem diktieren. Griechische Namen und das Fremdwort „Mythologie" dürfen buchstabiert werden.**

Die Ferse des Achilles

Wer den Film „Troja" gesehen hat, der weiß vielleicht, was es mit dem Namen „Achilles" auf sich hat. Achilles ist in der griechischen Mythologie besser als jeder andere Mensch. Er ist der tapferste aller Helden im Kampf um Troja. Um ihn unverwundbar zu machen, hatte ihn seine Mutter Thetis in das Wasser des Flusses der Unterwelt getaucht. Bloß die Ferse, an der sie ihn hielt, blieb verwundbar. Als Ergebnis eines Streits mit König Agamemnon zieht sich Achilles zunächst aus dem Trojanischen Krieg zurück. Die Verhältnisse ändern sich jedoch, als die Trojaner die Oberhand gegen die Griechen gewinnen. Achilles entschließt sich einzugreifen. Er besiegt Hektor in einem Zweikampf. Er selbst wird schließlich durch einen vom weisen Gott Apoll gelenkten Pfeil des Paris an der Ferse getroffen und stirbt. Deshalb versteht man unter „Achillesferse" in übertragenem Sinn eine verwundbare Stelle oder eine besondere Schwäche bei einem Menschen.

e und ä

Zu Wörtern mit *a* im Stamm kann es verwandte Wörter mit *ä* geben. Wörter mit *o* im Stamm können verwandte Wörter mit *ö* haben, solche mit *u* können welche mit *ü* haben.
Wörter mit *ö* und *ü* bereiten bei der Schreibung meist keine Schwierigkeiten. Doch der Vokal *e* und der Umlaut *ä* klingen oft sehr ähnlich oder gleich: B**ä**cker – l**e**cker. Um zu unterscheiden, ob ein Wort mit *e* oder *ä* geschrieben wird, kannst du dir merken:

- Die meisten Wörter mit *ä* lassen sich von einem Wort mit *a* ableiten.
- Manche Wörter mit *ä* wie *Bär* oder *Käfer* lassen sich nicht von einem Wort mit *a* ableiten. Diese musst du dir einprägen.

1 Bilde den Plural zu den folgenden Wörtern.

Rad	______	Korb	______
Buch	______	Stadt	______
Dorf	______	Zug	______
Ball	______	Wort	______
Duft	______	Flug	______

2 Erkläre den Unterschied.

Bären ______ ⟷ ______ Beeren

sägen ______ ⟷ ______ Segen

Ställe ______ ⟷ ______ Stelle

3 **Finde jeweils ein verwandtes Wort mit *a*.**

Täter ______________________

schändlich ______________________

väterlich ______________________

älter ______________________

Hähnchen ______________________

Pächter ______________________

mächtig ______________________

gehässig ______________________

kämmen ______________________

jährlich ______________________

4 **Führe ein Eigendiktat durch oder lasse dir den folgenden Text von jemandem diktieren.**

Keine Bären auf dem Bauernhof

Wenn man in den Wäldern Kanadas Beeren pflücken geht, muss man aufpassen. Denn es kann durchaus sein, dass man stattdessen einem Bären begegnet. Das ist mir viel zu gefährlich. Da mache ich doch lieber Urlaub auf einem Bauernhof in Bayern. Morgens werde ich vom Krähen der Hähne geweckt und kann dann auf der Stelle in den Ställen beim Melken helfen. Das kleine Kalb darf ich sogar mit einem Fläschchen Milch füttern. An einem verregneten Nachmittag besichtigen wir das Sägewerk in der Nähe des Hofes. Da herrscht ein mächtiger Lärm. Es ist ein Segen, dass wir ein paar Ohrenschützer bekommen. Abends bin ich vom Helfen auf den großen Ländereien immer so müde, dass ich mit lautem Gähnen ins Bett falle.

eu und äu

Die Doppellaute (Diphthonge) *äu* und *eu* klingen oft sehr ähnlich. Merke dir: Man schreibt ein Wort mit *äu*, wenn man ein anderes Wort mit *au* ableiten kann: l**äu**ten – l**au**t, gl**äu**big – gl**au**ben. Die meisten anderen Wörter schreibt man mit *eu*.
Bei einigen Wörtern wie *Knäuel* oder *Säule* helfen keine Ableitungen. Diese Wörter musst du dir merken.

1 **Finde zu den Wörtern mit *äu* verwandte Wörter mit *au*.**

Säufer	______________	Säue	______________
Räuber	______________	Mäuse	______________
Häute	______________	Säugling	______________
bräunlich	______________	läuten	______________
blauäugig	______________	sich schnäuzen	______________
verbläuen	______________	Bräutigam	______________

2 **Entscheide, ob das Wort mit *eu* oder *äu* geschrieben wird. Wenn du ein verwandtes Wort mit *au* kennst, schreibe es dahinter.**

____ter	______________
einz____nen	______________
bet____ern	______________
L____chtturm	______________
L____fer	______________
K____le	______________
B____erin	______________

1 2 3 4 5

H_____ ____________________

R_____se ____________________

K_____fer ____________________

t_____flisch ____________________

T_____fling ____________________

3 **Führe ein Eigendiktat durch oder lasse dir den folgenden Text von jemandem diktieren.**

Der Seeräuber im Gemäuer

Schon seit Jahren steht der alte Leuchtturm an der Teufelsklippe leer. Es soll dort auch nicht mit rechten Dingen zugehen. Der Legende nach hat sich dort vor 200 Jahren ein Seeräuber mit einer jungen, blauäugigen Bäuerin versteckt. Er war ihr Bräutigam. Doch dem Vater des Fräuleins war die Verbindung ein Gräuel. Obwohl der Pirat beteuerte, seiner Braut zuliebe mit dem Rauben aufzuhören, verbot ihr Vater die Hochzeit. Daraufhin flohen die beiden zu dem eingezäunten Leuchtturm. Sie hofften darauf, dort nicht entdeckt zu werden. Doch der alte Bauer verfolgte sie. Er erschlug den Seeräuber schließlich mit seiner Keule. Noch heute soll sein Geist durch den Turm spuken. In stürmischen Nächten sieht man sogar hin und wieder das Feuer in der Turmspitze leuchten. Deshalb findet sich auch kein Käufer für das alte Gemäuer.

ei und ai

Die Doppellaute (Diphthonge) *ai* und *ei* werden meist gleich ausgesprochen. Wörter, die mit *ai* geschrieben werden, kann man nicht ableiten.
Man muss sie sich merken. Alle Wörter aus dieser Wortfamilie werden dann mit *ai* geschrieben. Alle anderen Wörter schreibt man mit *ei*.

1 **Schreibe die zusammengesetzten Wörter der Wortfamilien auf. Unterstreiche jeweils das *ai*.**

Kaiser — -lich, Thron, Krone

Tiger, Katze(n) — Hai — Fisch

Futter — Mais — Mehl, Pflanze

Mai — Tanz, Baum, Feier

Gitarre(n), Geige(n) — Saite(n) — Instrument

halb — Waise(n) — Kind, Heim

Hafen — Kai — Mauer, Anlage

kaiserlich,

2 **Führe ein Eigendiktat durch oder lasse dir den folgenden Text von jemandem diktieren.**

Die Kaiserin
Livia ist ein Waisenkind. Doch im letzten Mai ist sie in einer wunderbaren Pflegefamilie untergekommen und konnte das Kinderheim verlassen. Auf diese Weise hat sie sogar eine Schwester bekommen, denn ihre Pflegeeltern haben bereits eine Tochter.
Sie heißt Jette. Die beiden verstehen sich gut. Sie spielen miteinander in den Maisfeldern hinter dem Haus und teilen alles. Als Jette neulich traurig war, weil eine Saite ihrer Geige gerissen war, hat Livia sie getröstet. Sie hat Jette eine Krone gebastelt und sie zur Kaiserin des Kinderzimmers gekrönt. Da musste Jette nicht mehr weinen. Sie hat sogar leise gelacht. Die Mutter kocht regelmäßig die Lieblingsspeise ihrer Töchter: Maiskolben mit Grillsoße. Da haben sich doch zwei gesucht und gefunden.

b und p

Der Verschlusslaut *b* wird in der Regel stimmhaft, d. h. weich, der Verschlusslaut *p* dagegen stimmlos, d. h. hart, ausgesprochen. Im Anlaut ist das gut zu hören: **B**ass, **P**ass.
Im Wortinneren klingen die Konsonanten *b* und *p* manchmal sehr ähnlich und am Wortende sind sie oft kaum zu unterscheiden: Stau**b** – Lum**p**. Oft hilft es, wenn du das Wort verlängerst oder ein verwandtes Wort suchst.

1 **Nicht jede Verlängerung ist sinnvoll. Unterstreiche jeweils die Ableitung des Wortes, die dir bei der Entscheidung *b* oder *p* weiterhilft.**

lieb → *Liebe* / *lieblich*

Dieb → *Diebstahl* / *Diebe*

grob → *Grobschmied* / *grobe (Fahrlässigkeit)*

Stopp → *Stoppschild* / *stoppen*

Stab → *Stäbchen* / *Stäbe*

Lob → *Loblied* / *loben*

1
2
3
4
5

2 **Finde selbst sinnvolle Verlängerungen.**

Sieb	______	Hieb	______
gelb	______	Raub	______
Kalb	______	Staub	______

3 ***b*** **oder** ***p?*** **Setze den richtigen Buchstaben ein. Aufgepasst: Einmal musst du einen Doppelkonsonanten einsetzen.**

Bei seinem gestrigen Die___stahl hat sich Richard R. besonders plum___ angestellt. Er war in den Betrie___ einge___rochen, in dem er selbst ar___eitete. Als Grund ga___ er an, er sei von seinem Meister gro___ behandelt worden. Zum Verhängnis wurde ihm, dass er auf der Flucht mehrere Sto______schilder überfuhr und einer ______olizeistreife auffiel. Bei seiner Verhaftung ga___ er sofort alles zu.

4 **Führe ein Eigendiktat durch oder lasse dir den folgenden Text von jemandem diktieren.**

Brausestäbchen statt Blumen
Auf ihrer Geburtstagsfeier hat Claudia gestern ein besonders schönes Top getragen. Sie sah damit noch hübscher aus als sonst. Deshalb bekam sie viel Lob von ihren Freundinnen.
Selbst Finn, der sonst immer so grob ist, war ganz lieb zu ihr. Er hat sogar nach einem Date gefragt, allerdings sehr plump. Und statt Blumen bot er ihr zum Geburtstag nur Brausestäbchen an. Damit konnte er Claudia nicht beeindrucken. Prompt gab sie ihm einen Korb. Später tat es ihr aber leid. Denn eigentlich findet sie Finn ganz süß. Wenn da nur nicht immer ihr blöder Stolz wäre!

d und t

Der Verschlusslaut *d* wird in der Regel stimmhaft, d. h. weich, der Verschlusslaut *t* dagegen stimmlos, d. h. hart, ausgesprochen. Im Anlaut ist das gut zu hören: **D**ank, **T**ank.
Im Wortinneren klingen die Konsonanten *d* und *t* manchmal sehr ähnlich und am Wortende sind sie oft kaum zu unterscheiden: run**d** – bun**t**. Oft hilft es, wenn du das Wort verlängerst oder ein verwandtes Wort suchst.

1 **Steht am Ende der Wörter *d* oder *t*? Schreibe jeweils ein verwandtes Wort dahinter, bei dem man hört, ob *d* oder *t* geschrieben werden muss.**

Saa___	____________	Grun___	____________
Spal___	____________	lau___	____________
Nor___	____________	Wal___	____________
sofor___	____________	Luf___	____________
Brunf___	____________	Or___	____________
gebau___	____________	Vernunf___	____________
Hun___	____________	Gedul___	____________
Schul___	____________	Kin___	____________
Rin___	____________	Gel___	____________
Han___	____________	Lich___	____________
Ab___	____________	Wan___	____________

2 **Bilde jeweils ein passendes Verb zum Substantiv. Unterstreiche bei beiden den d / t-Laut.**

Start	______________	Gedicht	______________
Mord	______________	Verzicht	______________
Gefecht	______________	Rost	______________
Bild	______________	Duft	______________

3 **Führe ein Eigendiktat durch oder lasse dir den folgenden Text von jemandem diktieren.**

Ortswechsel

Tim kommt eigentlich aus England. Doch gerade lebt er in Frankfurt. Er hat auch schon in Chile und Südafrika gewohnt. Das hat folgenden Grund: Sein Vater ist Diplomat und die Familie muss deshalb oft umziehen. Immerhin haben sie eine Menge Geld, denn das Gehalt des Vaters ist sehr gut.

Tim gefällt es in Deutschland. In der Schule hatte er einen guten Start. Aber manchmal hat er Heimweh. Dann vermisst er seine Großmutter und deren Hund. Als kleines Kind hat er mit den beiden immer lange Spaziergänge am Strand gemacht. Am liebsten würde er in einem solchen Moment sofort nach Hause aufbrechen. Doch dann besinnt er sich wieder. Der Ort, an dem seine Eltern und seine beiden Schwestern sind, ist ihm doch der liebste.

g und k

Der Verschlusslaut *g* wird in der Regel stimmhaft, d. h. weich, der Verschlusslaut *k* dagegen stimmlos, d. h. hart, ausgesprochen. Im Anlaut ist das gut zu hören: **G**uss, **K**uss.
Im Wortinneren und am Wortende klingen die Konsonanten *g* und *k* oft sehr ähnlich. Die Wortverlängerung macht klar, wie das Wort geschrieben wird.

1 **Bei den folgenden Wörtern fehlt der g / k-Laut. Suche jeweils ein verwandtes Wort und setze dann den richtigen Endbuchstaben ein.**

Krie__	____________	Tro__	____________
Pflu__	____________	Sie__	____________
Betru__	____________	wel__	____________
Kal__	____________	genu__	____________
Ul__	____________	Sar__	____________
Zu__	____________	Ber__	____________
Zwer__	____________	Bur__	____________
kar__	____________	Kru__	____________

2 **Bilde zu den Adjektiven den Komparativ (die Steigerungsform). Unterstreiche bei beiden Formen den g / k-Laut.**

klug	____________	stark	____________
krank	____________	eifrig	____________
schlank	____________	mutig	____________

3 **Bilde das passende Verb und entscheide, ob *g* oder *k* geschrieben werden muss.**

Klan__	____________	Gestan__	____________
Gesan__	____________	Tran__	____________
Sprun__	____________	Dan__	____________
Par__	____________	Schla__	____________
Dun__	____________	Wer__	____________

4 **Führe ein Eigendiktat durch oder lasse dir den folgenden Text von jemandem diktieren.**

Die hinterhältige Stiefmutter

Es war einmal ein Mädchen, das war jung, klug und ausgesprochen hübsch. Doch es hatte eine böse Stiefmutter, die eifersüchtig auf seine Schönheit war. Die Frau schmiedete einen hinterhältigen Plan. Sie wollte das Mädchen töten und machte sich sofort eifrig ans Werk. Aber das Mädchen hatte Glück, der Plan gelang zunächst nicht. Es entkam der Gefahr.

Fortan lebte die junge Frau bei den sieben Zwergen, gut versteckt hinter einem großen Berg. Die Alte erfuhr jedoch davon und schickte ihrer Stieftochter einen vergifteten Apfel. Als sie davon aß, blieb ihr ein Stück im Hals stecken. Auf einen Schlag fiel sie tot um. Die Zwerge legten sie daraufhin in einen gläsernen Sarg. Ein vorbeireitender Prinz sah dies und verliebte sich in das Mädchen. Wie es im Märchen oft ist, rettet der Prinz das Mädchen. Der Betrug der Stiefmutter wird aufgedeckt. Im Park des Schlosses findet die Hochzeit statt. Na, wie heißt dieses Märchen von den Brüdern Grimm?

Satzschlusszeichen

Mithilfe von Punkt, Frage- oder Ausrufezeichen wird ein Text übersichtlicher und leichter lesbar.

- Am Ende eines abgeschlossenen und vollständigen Satzes, der aus mindestens einem Subjekt und einem Prädikat bestehen muss, steht ein **Punkt:** Sie lernt**.**
- Ausrufe, Aufforderungen, Befehle und Anreden werden mit einem **Ausrufezeichen** abgeschlossen: Verlassen Sie sofort das Spielfeld**!** Auch besonders wichtige Aussagen können durch ein Ausrufezeichen hervorgehoben werden: Du bist mein bester Freund**!**
- Fragen werden durch ein **Fragezeichen** abgeschlossen. Es gibt zwei Arten von Fragen. Die einen werden durch ein Fragewort eingeleitet: **Wo** willst du hin**?** Die anderen erkennt man an der Wortstellung. Am Anfang dieser Fragen steht die Personalform des Verbs. Sie können nur mit ja oder nein beantwortet werden: **Kommst** du morgen**?**

1 **Welche der folgenden Sätze sind Fragen? Kreuze sie an und ergänze das richtige Satzschlusszeichen.**

☐ Peter: „In unserem nächsten Urlaub wollen wir nach Föhr fahren___"

☐ Stefan: „Wo liegt denn Föhr___"

☐ Peter: „Föhr ist eine Insel in der Nordsee___"

☐ Stefan: „Was ist denn dort so los___"

☐ Peter: „Warum willst du das wissen___"

☐ Stefan: „Vielleicht fahren wir auch dorthin, wir haben noch nichts geplant___"

☐ Peter: „Wollen wir nicht zusammen verreisen___"

☐ Stefan: „Bekommst du denn auch im August Urlaub___"

☐ Peter: „Ich muss mal meinen Chef fragen___"

1 2 3 4 5

2 **Setze die Satzschlusszeichen.**

A: Willst du in den Sommerferien mit in unser Zeltlager fahren___

B: Wohin fahrt ihr denn___

A: Nach Hellenthal natürlich___

B: Das hört sich aber ziemlich langweilig an___

A: Das letzte Zeltlager war wirklich super___

B: Was kann man denn in Hellenthal so unternehmen___

A: Wanderungen durch die Eifel, Wildfreigehege, Freilichtmuseum___

B: Gibt es da auch einen guten Fußballplatz___

A: Na klar___

B: Ich hätte schon Lust, ich muss aber erst meine Eltern fragen___

A: Mach das___ Es wäre toll, wenn du mitkämest___

3 **Führe ein Eigendiktat durch oder lasse dir den folgenden Text von jemandem diktieren.**

Meer, Berge oder Urwald?

Du fragst, ob wir diesen Sommer auch in den Urlaub fahren? Na klar! Wir wissen nur noch nicht, wohin die Reise gehen soll. Mama möchte am liebsten einen Strandurlaub machen. Aber darauf habe ich wirklich überhaupt keine Lust! Das ist ja so langweilig! Papa hat vorgeschlagen, in die Berge zu fahren. Ob mir das wohl besser gefallen würde? Wenn ich das nur wüsste! Ich selbst bin ziemlich unentschieden und weiß nicht genau, was ich will. Wie wäre es denn mit einer weiten Flugreise? Ich würde so gerne einmal den Urwald sehen! Aber dafür reicht leider das Geld nicht. Also fahren wir am Ende wahrscheinlich doch ans Meer. Denn mein Vater kann meiner Mutter sowieso keinen Wunsch abschlagen.

Komma bei Aufzählung

Ein Komma steht bei der Aufzählung von Wörtern und Wortgruppen, die nicht durch eine Konjunktion, z. B. *und, oder,* verbunden sind: Ich packe den roten Badeanzug, die neue Sonnenbrille und das große Handtuch ein.
Bei der Reihung von Adjektiven gilt: Wenn sich das erste Adjektiv weniger auf das Substantiv als auf das zweite Adjektiv bezieht, steht kein Komma: das **kurze bunte** T-Shirt (und nicht das lange bunte T-Shirt).

1 **Tom will seinem Vater beim Kochen helfen. Es soll einen Nudelauflauf mit Pilzen geben. Setze die Kommas bei der Aufzählung der Zutaten.**

350 g breite Nudeln · 350 g Pilze · etwas Fleischbrühe · 2 Esslöffel Butter · 50 g geriebenen Käse · 1 Eigelb · 1/4 l saure Sahne · 1 Zwiebel

Für die Zubereitung eines Nudelauflaufs mit Pilzen

benötigt man ______

______

______

2 **Die Stichwörter im Wortspeicher verraten, was man mit den Zutaten machen muss. Bilde ganze Sätze daraus. Achte auf die Kommasetzung.**

Nudeln in Salzwasser kochen · abschrecken · abtropfen lassen · Zwiebel fein hacken · in heißer Butter dünsten · Pilze waschen · klein schneiden · zur gedünsteten Zwiebel geben · mit etwas Fleischbrühe gar dünsten · Nudeln und Pilze vermischen · Auflaufform einfetten · Eigelb mit saurer Sahne und der Hälfte vom Käse verquirlen · über die Nudelmischung gießen · restlichen Käse darüberstreuen · mit Butterflöckchen belegen · bei mittlerer Hitze etwa 30 Minuten backen

Die Nudeln in Salzwasser kochen, abschrecken und

3 **Ergänze die notwendigen Kommas.**

a) Ich packe die Mütze___ den Pullover___ und die Hose ein.

b) Zum Arbeiten im Garten trage ich meinen alten___ blauen Pullover.

4 **Führe ein Eigendiktat durch oder lasse dir den folgenden Text von jemandem diktieren.**

So viel Arbeit!

Nadine hat keine Lust auf ihre Hausaufgaben. Sie muss noch Mathe, Deutsch, Erdkunde und Französisch machen. Sie will am Nachmittag damit fertig werden, denn heute Abend möchte sie kochen. Dafür muss sie vorher noch Kartoffeln, Möhren, Lauch und Gemüsebrühe einkaufen gehen. Also macht sie sich schnell an die Schularbeit. Zuerst kümmert sie sich um die Geometrie, dann setzt sie sich an die Nacherzählung und lernt schließlich die Hauptstädte der Bundesländer auswendig. München, Stuttgart, Mainz und Hannover kann sie sich gut merken. Aber bei Potsdam muss sie mehrfach nachschlagen. Zum Schluss schreibt sie noch die Französischvokabeln ab. Geschafft! Jetzt kann sie sich endlich an den Einkauf machen. Das leckere Essen, ein Glas Cola und einen süßen Nachtisch hat sie sich nach all der Arbeit redlich verdient.

Wörtliche Rede

Die wörtliche Rede wird in Anführungszeichen gesetzt.

- Zwischen einem vorangestellten Redebegleitsatz und der wörtlichen Rede steht ein **Doppelpunkt:** Sie sagte: „Morgen schreiben wir ein Diktat."
- Zwischen der wörtlichen Rede und einem nachgestellten Redebegleitsatz steht ein **Komma.** Der **Schlusspunkt** entfällt in der wörtlichen Rede, wenn ein Redebegleitsatz nachgestellt ist: „Morgen schreiben wir ein Diktat**"**, sagte sie. **Ausrufezeichen** oder **Fragezeichen** am Ende der wörtlichen Rede bleiben erhalten. Auch dann steht ein Komma vor dem Redebegleitsatz: „Ich will das nicht**!"**, schimpfte er. „Warum willst du das nicht**?"**, fragte sie.
- Ein eingeschobener Redebegleitsatz wird in **Kommas** eingeschlossen: „Nächste Woche"**,** kündigte die Lehrerin an**,** „schreiben wir ein Diktat."

1 **Setze bei dem folgenden Witz die Satzzeichen zur Kennzeichnung der wörtlichen Rede.**

Wütend kommt ein Gepäckträger zum anderen Stell dir mal vor Eben habe ich einem Schotten seine beiden Koffer zum Taxi getragen und am Ziel drückt er mir etwas in die Hand und sagt, das sei für einen anständigen Kaffee Fragt der andere Wie viel war es denn Darauf antwortet der Erste Ein Stück Würfelzucker ...

2 **Hier ist einiges durcheinandergeraten. Ordne die Aussagen den richtigen Märchenfiguren zu und achte beim Abschreiben auf die richtige Zeichensetzung.**

Froschkönig

„Heute back ich, morgen brau ich."

„Lass uns an dem Haus dort anklopfen."

Rotkäppchen

Hänsel

„Ich bring der Oma Kuchen und Wein."

„Ich bin ein verwunschener Prinz."

Rumpelstilzchen

sagte der Froschkönig.

behauptete Rotkäppchen.

rief Rumpelstilzchen.

schlug Hänsel vor.

3 **Führe ein Eigendiktat durch oder lasse dir den folgenden Text von jemandem diktieren.**

Die Schildbürger

Es gibt viele Geschichten über die Schildbürger. Eine davon handelt vom Kaiser, der die Schildbürger besuchen wollte. Er ließ ihnen ausrichten: „Kommt mir halb geritten und halb gegangen entgegen." Die Schildbürger zerbrachen sich die Köpfe darüber. „Was soll das wohl heißen?", meinte der eine. „Vielleicht ein Fuß auf dem Steigbügel, ein Fuß auf dem Boden?", rief der andere. Der Bürgermeister hatte die beste Idee: „Wenn wir hölzerne Steckenpferde ritten", meinte er, „dann wären wir halb zu Pferd und halb zu Fuß." Und so ließen sie sich beim Schreiner Steckenpferde schnitzen und kamen dem Kaiser so entgegen. Dieser freute sich: „Ha, die Schildbürger", rief er, „haben sich mal wieder etwas ganz Besonderes ausgedacht!"

Abschlusstest

1 **Entscheide, ob du groß- oder kleinschreiben musst.**

a) Zum ___esen benutzt Frau Walter eine Brille.

Er begann zu ___esen.

b) Zum Geburtstag wünschen wir dir alles ___ute.

Das Essen ist sehr ___ut.

c) Das ___tmen fällt ihr schwer.

Vor Schreck hörte er auf zu ___tmen.

d) Tim hatte keine Lust zu ___chwimmen.

Lasst uns zum ___chwimmen gehen.

e) Ich muss dir etwas ganz ___olles erzählen.

Das ist ein ___olles Spiel.

2 **Wenn du dieses Rätsel richtig löst, erfährst du, worauf du bei der Schreibung achten musst. Umlaute sind ein Buchstabe.**

a) Viele Bäume bilden einen ...
b) gleich
c) Gegenteil von schwach
d) jeden Tag
e) jemand, der etwas kauft
f) Monat nach April
g) Plural von Maus
h) Räuber
i) Farbe der Sonne
j) höchster Adliger
k) damit bezahlt man

3 **Sortiere die Wörter der folgenden Wortliste danach, ob der Stammvokal lang oder kurz gesprochen wird. Kreise den oder die Konsonanten, die hinter dem Stammvokal stehen, farbig ein.**

Name · Salz · schimpfen · sehen · Bär · Holz · Bett · Haus · Treppe · Glück · Locke · Tal · Regel · Rat · Familie · Katze · helfen · gehen · heben · Lümmel

langer Vokal	kurzer Vokal

4 **Führe ein Eigendiktat durch oder lasse dir den folgenden Text von jemandem diktieren.**

Der Traum

Gestern hat Maja davon geträumt, über Nacht in einem Kaufhaus eingeschlossen worden zu sein. Sie wollte eine Hose, eine Bluse und ein Paar Schuhe kaufen. Maja war gerade in der Umkleidekabine, als sie plötzlich eine Durchsage hörte: „Verehrte Kunden, in wenigen Minuten schließen wir unsere Kassen und die Türen. Wir bitten Sie darum, das Kaufhaus zu verlassen." Schnell zog Maja die neue blaue Hose aus, schlüpfte in ihre alte rote Hose und rannte zum Ausgang. Doch der war schon abgesperrt. Da musste sie die Nacht wohl hier verbringen. Zuerst ging Maja in die Lebensmittelabteilung und holte sich etwas zum Essen. In der Möbelabteilung fand sie ein flauschiges Himmelbett und schlief fast sofort ein. Am Morgen wurde sie durch sanftes Rütteln geweckt, machte die Augen auf und freute sich. Denn sie lag in ihrem eigenen Bett!

Bibliografische Information der Deutschen Nationalbibliothek
Die Deutsche Nationalbibliothek verzeichnet diese Publikation in der Deutschen Nationalbibliografie; detaillierte bibliografische Daten sind im Internet über http://dnb.ddb.de abrufbar.

Nach den seit 1. 8. 2006 gültigen Rechtschreibregeln.

D C B A

Redaktionelle Leitung Annika Renker
Redaktion Claudia Fahlbusch

Herstellung Annette Scheerer
Layout Horst Bachmann
Illustration Dirk Hennig
Umschlaggestaltung Atelier Frank Wohlgemuth, Bremen
Umschlagabbildung Dirk Hennig
Satz tiff.any GmbH, Berlin
Druck und Bindung Heenemann GmbH & Co, Berlin
Printed in Germany

ISBN 978-3-411-73601-0